HECTOR BERLIOZ

LA
DAMNATION DE FAUST

LÉGENDE DRAMATIQUE

En Quatre Actes

POÈME ET MUSIQUE

DE

HECTOR BERLIOZ

MISE A LA SCÈNE PAR M. RAOUL GUNSBOURG

Créé au Théâtre de Monte-Carlo en Février 1893.

LIBRETTO. — PRIX NET : **1 Fr.**

artition chant et piano .... Prix net. **20 Fr.**
artition piano seul...................... — **12 Fr.**
artition à quatre mains................. — **20 Fr.**

RICHAULT ET Cie
ÉDITEURS DE MUSIQUE A PARIS
4, boulevard des Italiens, au premier.

PERSONNAGES

MARGUERITE	Mme d'Alba.
FAUST	M. Jean de Reszké.
MÉPHISTOPHÉLÈS	M. Melchissédec.
BRANDER	M. Illy.

BALLET

LA SÉDUCTION	} Mlle Virginia Zucchi
MARGUERITE	
MÉPHISTOPHÉLÈS	M. Alfieri.

CHEF D'ORCHESTRE :

M. Léon Jéhin.

Décors de M. Poinsot, peintre décorateur.

LA DAMNATION DE FAUST
LÉGENDE DRAMATIQUE

PREMIÈRE PARTIE

SCÈNE PREMIÈRE.

FAUST, seul, dans les champs, au lever du soleil
(Plaine de Hongrie.)

Le vieil hiver a fait place au printemps ;
   La nature s'est rajeunie ;
   Des cieux la coupole infinie
Laisse pleuvoir mille feux éclatants.
Je sens glisser dans l'air la brise matinale ;
De ma poitrine ardente un souffle pur s'exhale.
J'entends autour de moi le réveil des oiseaux,
Le long bruissement des plantes et des eaux....

Oh! qu'il est doux de vivre au fond des solitudes,
Loin de la lutte humaine et loin des multitudes!...

ORCHESTRE SEUL
. . . .
. . . .
. . . .
. . . .

(Des fragments de la *Ronde des paysans* et de la fanfare de la *Marche hongroise* se distinguent au travers de la trame instrumentale. Lointaines rumeurs agrestes et guerrières, qui commencent à troubler le calme de la scène pastorale.)

SCÉNE II.

(Danse de paysans.)

RONDE EN CHŒUR

« Les bergers quittent leurs troupeaux ;
» Pour la fête ils se rendent beaux ;
» Rubans et fleurs sont leur parure ;
» Sous les tilleuls, les voilà tous
» Dansant, sautant comme des fous.
    » Ha ! ha ! ha ! ha !
    » Landerira !
» Suivez donc la mesure ! »

FAUST.

Quels sont ces cris, ces chants ? Quel est ce bruit
[lointain !...
. . . .
. . . .
Ce sont ces villageois, au lever du matin,
Qui dansent en chantant sur la verte pelouse.
  De leurs plaisirs ma misère est jalouse.

DEUXIÈME COUPLET DE LA RONDE.

« Ils passaient tous comme l'éclair,
» Et les robes volaient en l'air ;
» Mais bientôt on fut moins agile :
» Le rouge leur montait au front,

» Et l'un sur l'autre dans le rond,
    » Ha ! ha ! ha ! ha !
    » Landerira !
» Tous tombaient à la file. »

TROISIÈME COUPLET.

« Ne me touchez donc pas ainsi !
» — Paix ! ma femme n'est point ici !
» Profitons de la circonstance ! »
» Dehors il l'emmena soudain,
» Et tout pourtant alla son train,
    » Ha ! ha ! ha ! ha !
    » Landerida !
» La musique et la danse. »

SCÈNE III.

(Une autre partie de la plaine. — Une armée qui s'avance.)

FAUST.

Mais d'un éclat guerrier ces campagnes se parent.
Ah ! les fils du Danube aux combats se préparent !
    Avec quel air fier et joyeux
Ils portent leur armure ! et quel feu dans leurs
                                                [yeux !
   Tout cœur frémit à leur chant de victoire ;
Le mien seul reste froid, insensible à la gloire.

(Marche hongroise (1). Les troupes passent. Faust s'éloigne.)

ORCHESTRE SEUL.

---

(1) Le thème de cette marche, que M. Berlioz a instrumenté et développé, est célèbre en Hongrie sous le nom de Rakoczy ; il est très ancien, d'un auteur inconnu ; c'est le chant de guerre des Hongrois.

DEUXIÈME PARTIE

SCÈNE IV.

(Nord de l'Allemagne.)

FAUST, seul, dans son cabinet de travail.

Sans regrets j'ai quitté les riantes campagnes
  Où m'a suivi l'ennui ;
Sans plaisirs je revois nos altières montagnes ;
Dans ma vieille cité je reviens avec lui.
Oh ! je souffre ! je souffre ! et la nuit sans étoiles,
Qui vient d'étendre au loin son silence et ses voiles,
  Ajoute encore à mes sombres douleurs.
O terre ! pour moi seul tu n'as donc pas de fleurs !
Par le monde, où trouver ce qui manque à ma
                                    [vie ?
Je chercherais en vain, tout fuit mon âpre envie !
Allons, il faut finir !... Mais je tremble... Pourquoi
Trembler devant l'abîme entr'ouvert devant moi ?..
O coupe trop longtemps à mes désirs ravie,
Viens, viens, noble cristal, verse-moi le poison
    Qui doit illuminer
    Ou tuer ma raison.

(Il porte la coupe à sa bouche. Son des cloches. Chants religieux dans l'église voisine.)

HYMNE DE LA FÊTE DE PAQUES.

CHŒUR.

« Christ vient de ressusciter !...
» Quittant du tombeau
» Le séjour funeste,
» Au parvis céleste
» Il monte plus beau.
» Vers les gloires immortelles
» Tandis qu'il élance à grands pas,
» Ses disciples fidèles
» Languissent ici-bas.
» Hélas ! c'est ici qu'il nous laisse
» Sous les traits brûlants du malheur.
» O divin maître ! ton bonheur
» Est cause de notre tristesse.
» Mais croyons-en sa parole éternelle.
» Nous le suivrons un jour
» Au céleste séjour
» Où sa voix nous appelle.
» Hosanna !
» Hosanna ! »

FAUST.

Qu'entends-je ?... O souvenirs !... O mon âme trem-
[blante !
Sur l'aile de ces chants vas-tu voler aux cieux ?...
    La foi chancelante
Revient, me ramenant la paix des jours pieux.

Mon heureuse enfance,
La douceur de prier,
La pure jouissance
D'errer et de rêver
Par les vertes prairies,
Aux clartés infinies
D'un soleil de printemps !...
O baiser de l'amour céleste
Qui remplissais mon cœur de doux pressentiments
Et chassais tout désir funeste !...

FAUST.

Récitatif.

Hélas ! doux chants du ciel, pourquoi dans sa
[poussière
Réveiller le maudit ? Hymnes de la prière,
Pourquoi soudain venir ébranler mon dessein ?
Vos suaves accords rafraîchissent mon sein.
Chants plus doux que l'aurore,
Retentissez encore :
Mes larmes ont coulé, le ciel m'a reconquis.

SCÈNE V.

FAUST ET MÉPHISTOPHÉLÈS.

MÉPHISTOPHÉLÈS, apparaissant brusquement.

O pure **émotion** ! Enfant du saint parvis !
Je t'admire, docteur ! les pieuses volées
    De ces cloches d'argent
    Ont charmé grandement
    Tes oreilles troublées !

FAUST.

Qui donc es-tu, toi dont l'ardent regard
Pénètre ainsi que l'éclat d'un poignard,
    Et qui, comme la flamme,
    Brûle et dévore l'âme ?

MÉPHISTOPHÉLÈS.

Vraiment, pour un docteur, la demande est frivole !
Je suis l'esprit de vie, et c'est moi qui console.
Je te donnerai tout, le bonheur, le plaisir,
Tout ce que peut rêver le plus ardent désir.

FAUST.

Eh bien, pauvre démon, fais-moi voir tes mer-
                                      [veilles.

MÉPHISTOPHÉLÈS.

Certes ! j'enchanterai tes yeux et tes oreilles.
Au lieu de t'enfermer, triste comme le ver

Qui ronge tes bouquins, viens, suis-moi, change
[d'air.

FAUST.

J'y consens.

MÉPHISTOPHÉLÈS.

Partons donc pour connaître la vie,
Et laisse les fatras de ta philosophie.
(Ils disparaissent dans les airs.)

ORCHESTRE SEUL.

SCÈNE VI.

(La cave d'Auerbach à Leipzig.)

FAUST, MÉPHISTOPHÉLÈS, BRANDER.
ÉTUDIANTS, BOURGEOIS ET SOLDATS.

CHŒUR DE BUVEURS.

A boire encor ! Du vin
Du Rhin !

MÉPHISTOPHÉLÈS.

Voici, Faust, un séjour de folle compagnie ;
Ici vins et chansons réjouissent la vie.

CHŒUR.

Oh ! qu'il fait bon quand le ciel tonne
Rester près d'un bol enflammé,
Et se remplir comme une tonne
Dans un cabaret enfumé !
J'aime le vin et cette eau blonde
Qui fait oublier le chagrin.
Quand ma mère me mit au monde
J'eus un ivrogne pour parrain.
Oh ! qu'il fait bon, etc., etc.

QUELQUES BUVEURS.

Qui sait quelque plaisante histoire ?
En riant, le vin est meilleur.
A toi, Brander !

AUTRES BUVEURS.

Il n'a plus de mémoire !

BRANDER, ivre.

J'en sais une, et j'en suis l'auteur.

TOUS.

Eh bien donc, vite !

BRANDER.

Puisqu'on m'invite,
Je vais vous chanter du nouveau.

TOUS.

Bravo ! bravo !

CHANSON DE BRANDER

PREMIER COUPLET.

« Certain rat, dans une cuisine,
» Établi comme un vrai frater,
» S'y traitait si bien, que sa mine
» Eût fait envie au gros Luther.
» Mais un beau jour le pauvre diable,
» Empoisonné, sauta dehors,
» Aussi triste, aussi misérable
» Que s'il eût eu l'amour au corps.

CHŒUR.

» Que s'il eût eu l'amour au corps.

DEUXIÈME COUPLET.

» Il courait devant et derrière,
» Il grattait, reniflait, mordait,
» Parcourait la maison entière ;
» La rage à ses maux ajoutait,
» Au point qu'à l'aspect du délire
   Qui consumait ses vains efforts,
» Les mauvais plaisants pouvaient dire
» Il a, ma foi, l'amour au corps.

CHŒUR.

» Il a, ma foi, l'amour au corps.

TROISIÈME COUPLET.

» Dans le fourneau le pauvre sire
» Crut pourtant se cacher très-bien,
» Mais il se trompait, et le pire
» C'est qu'on l'y fit rôtir enfin.
» La servante, méchante fille,
» De son malheur rit bien alors.
» Ah ! disait-elle, comme il grille !
» Il a vraiment l'amour au corps.

CHŒUR.

» Il a vraiment l'amour au corps.
» *Requiescat in pace.* Amen. »

BRANDER.

Pour l'amen une fugue, une fugue, un choral !
   Improvisons un morceau magistral.

MÉPHISTOPHÉLÈS, bas à Faust.

Écoute bien ceci! nous allons voir, docteur,
La bestialité dans toute sa candeur.

CHŒUR.

(Fugue sur le thème de la chanson de Brander.)

Amen. A.....men. A.....men. Amen.

MÉPHISTOPHÉLÈS, s'avançant.

Vrai Dieu, messieurs, votre fugue est fort belle
      Et telle,
Qu'à l'entendre on se croit aux saints lieux!
    Souffrez qu'on vous le dise :
Le style en est savant, vraiment religieux;
    On ne saurait exprimer mieux
      Les sentiments pieux
Qu'en terminant ses prières l'Église
En un seul mot résume. Maintenant,
Puis-je à mon tour riposter par un chant
    Sur un sujet non moins touchant,
Que le vôtre?

CHŒUR.

    Ah çà! mais se moque-t-il de nous
      Quel est cet homme?
    Oh! qu'il est pâle, et comme
      Son poil est roux!
N'importe! Volontiers. Autre chanson. A vous

CHANSON DE MÉPHISTOPHÉLÈS.

PREMIER COUPLET

« Une puce gentille
» Chez un prince logeait ;
» Comme sa propre fille
» Le brave homme l'aimait ;
» Et, l'histoire l'assure,
» Par son tailleur, un jour,
» Lui fit prendre mesure
» Pour un habit de cour.

DEUXIÈME COUPLET.

» L'insecte, plein de joie.
» Dès qu'il se vit paré
» D'or, de velours, de soie,
» Et de croix décoré,
» Fit venir de province
» Ses frères et ses sœurs,
» Qui, par ordre du prince,
» Devinrent grands seigneurs.

TROISIÈME COUPLET.

» Mais ce qui fut bien pire,
» C'est que les gens de cour,
» Sans oser rien dire,
» Se grattaient tout le jour.
» Cruelle politique !
» Ah ! plaignons leur destin,

» Et dès qu'une nous pique
» Écrasons-là soudain.

CHŒUR.

» Ah ! ah ! bravo !
» Bravissimo !
» Écrasons-la soudain. »

FAUST.

Assez ! fuyons ces lieux où la parole est vile,
  La joie ignoble et le geste brutal.
N'as-tu d'autres plaisirs, un séjour plus tranquille
  A me donner, toi, mon guide infernal ?

MÉPHISTOPHÉLÈS.

Ah ! ceci te déplaît ! suis-moi.
  (Ils partent à travers les airs sur le manteau de Faust.)

ORCHESTRE SEUL.

SCÈNE VII.

(Bosquets et prairies des bords de l'Elbe.)

FAUST, MÉPHISTOPHÉLÈS

CHOEUR DE GNOMES ET DE SYLPHES.

MÉPHISTOPHÉLÈS.

Voici des roses
De cette nuit écloses.
Sur ce lit embaumé,
O mon Faust bien-aimé,
Repose !
Dans un voluptueux sommeil,
Où glissera sur toi plus d'un baiser vermeil,
Où des fleurs pour ta couche ouvriront leurs
[corolles,
Ton oreille entendra de divines paroles.
Écoute ! les esprits de la terre et de l'air
Commencent, pour ton rêve, un suave concert.

SONGE DE FAUST.

CHOEUR DE SYLPHES ET DE GNOMES.

Dors, heureux Faust, dors ! Bientôt, sous un voile
D'or et d'azur, tes yeux vont se fermer ;
Songes d'amour vont enfin te charmer,
Au front des cieux va briller ton étoile.

CHOEUR.

« De sites ravissants
» La campagne se couvre,
» Et notre œil y découvre
» Des prés, des bois, des champs
« Et d'épaisses ramées,
« Où de tendres amants
» Promènent leurs pensées.
» Mais plus loin sont couverts
» Les longs rameaux des treilles
» De bourgeons, pampres verts,
» Et de grappes vermeilles.
» Vois ces jeunes amants,
» Le long de la vallée,
» Oublier les instants
» Sous la fraîche feuillée. »

MÉPHISTOPHÉLÈS, avec le chœur

Une beauté les suit
Ingénue et pensive ;
A sa paupière luit
Une larme furtive.
Faust ! elle t'aimera
    Bientôt.

FAUST, endormi.

Margarita !

LE CHŒUR.

» A l'entour des montagnes
» Le lac étend ses flots,
» Dans les vertes campagnes
» Il serpente en ruisseaux.
» Là, de chants d'allégresse
» La rive retentit.
» D'autres chœurs là sans cesse
» La danse nous ravit.
» Les uns gaîment s'avancent
» Autour des coteaux verts,
» De plus hardis s'élancent
» Au sein des flots amers.
» Partout l'oiseau timide,
» Cherchant l'ombre et le frais,
» S'enfuit d'un vol rapide
» Au milieu des marais.
» Tous, pour goûter la vie,
» Tous cherchent dans les cieux
» Une étoile chérie
» Qui s'alluma pour eux. »
Dors, dors !

FAUST, endormi

Margarita !

CHŒUR.

C'est elle
Qu'Amour te destina. Regarde ! qu'elle est belle,

MÉPHISTOPHÉLÈS.

Le charme opère, il est à nous!
C'est bien, jeunes esprits, je suis content de vous.
. . . .

Bercez, bercez son sommeil enchanté.

Ballet des Sylphes.

(Les esprits de l'air se balancent quelque temps en silence autou de Faust endormi et disparaissent peu à peu.)

FAUST, s'éveillant.

Quelle céleste image! Oh! qu'ai-je vu! Quel ange
    Au front mortel!
  Où le trouver! Vers quel autel
  Traîner à ses pieds ma louange?...

MÉPHISTOPHÉLÈS.

  Eh bien, il faut me suivre encor
  Jusqu'à cette alcôve embaumée
  Où repose ta bien-aimée.
  A toi seul ce divin trésor!
Des étudiants voici la joyeuse cohorte
  Qui va passer devant sa porte;
Parmi ces jeunes fous, au bruit de leurs chansons,
  Vers ta beauté nous parviendrons.
Mais contiens tes transports et suis bien mes leçons.

SCÈNE VIII.

CHŒUR D'ÉTUDIANTS ET DE SOLDATS.
Marchant vers la ville.

LES SOLDATS.

» Villes entourées
» De murs et remparts,
» Fillettes parées,
» Aux malins regards,
» Victoire certaine
» Près de vous m'attend ;
» Si grande est la peine,
» Le prix est plus grand.
» Au son des trompettes,
» Les braves soldats
» S'élancent aux fêtes,
» Ou bien aux combats :
» Fillettes et villes
» Font les difficiles ;
» Bientôt tout se rend.
» Si grande est la peine, le prix est plus grand. »

LES ETUDIANTS.

(1) *Jam nox stellata velamina pandit : nunc biben-*

---

(1) Déjà la nuit étend ses voiles étoilés ; c'est l'heure de boire et d'aimer. La vie est courte et le plaisir fugitif! Réjouissons-nous donc, réjouissons-nous! Pendant que la lune nous sourit, allons

dum et amandum est! Vita brevis fugaxque voluptas. Gaudeamus igitur, gaudeamus!...

Nobis subridente luna, per urbem quærentes puellas eamus! ut cras, fortunati Cæsares, dicamus : Veni, vidi, vici! Gaudeamus igitur, gaudeamus!

LES DEUX CHŒURS ENSEMBLE.

LES SOLDATS.

Villes entourées, etc.

FAUST, MÉPHISTOPHÉLÈS ET LES ÉTUDIANTS.

Jam nox stellata, etc.

---

par la ville cherchant les jeunes filles, pour que demain, heureux Césars, nous disions : Je suis venu, j'ai vu, j'ai vaincu! Réjouissons-nous donc, réjouissons-nous!

TROISIÈME PARTIE

SCÈNE IX.

(Des tambours et des trompettes sonnent au loin la retraite.)

FAUST, le soir, dans la chambre de Marguerite.

Merci, doux crépuscule! Oh! sois le bien venu!
Éclaire enfin ces lieux, sanctuaire inconnu,
Où je sens à mon front glisser comme un beau rêve,
Comme le frais baiser d'un matin qui se lève.
C'est de l'amour, j'espère... Oh! comme on sent ici
　　　　S'envoler le souci!
Que j'aime ce silence, et comme je respire
　　　Un air pur!... O Seigneur,
　　　Après ce long martyre,
　　　　Que de bonheur!
　　O jeune fille! ô ma charmante!
　　O ma trop idéale amante!
Quel sentiment j'éprouve en ce moment fatal!
Que j'aime à contempler ton chevet virginal!

Quel air pur je respire !
Seigneur ! Seigneur !
Apres ce long martyre,
Que de bonheur !

(Faust, marchant lentement, examine avec une curiosité passionnée
l'intérieur de la chambre de Marguerite.)

SCÈNE X.

MÉPHISTOPHÉLÈS, FAUST

MÉPHISTOPHÉLÈS, accourant.

La voici, je l'entends! Sous ces rideaux de soie
Cache-toi.

FAUST.

Dieu! mon cœur se brise dans la joie!

MÉPHISTOPHÉLÈS.

Profite des instants. Adieu, modère-toi,
    Ou tu la perds.
               (Il cache Faust sous le rideau.)
    Bien. Mes follets et moi
Nous allons vous chanter un bel épithalame.
                       (Il sort.)

FAUST.

Oh! calme-toi, mon âme.

SCÈNE XI.

MARGUERITE, FAUST caché.

MARGUERITE, entrant, une lampe à la main.

Que l'air est étouffant !
J'ai peur comme un enfant ;
C'est mon rêve d'hier qui m'a toute troublée..
En songe je l'ai vu... lui... mon futur amant.
    Qu'il était beau ! Dieu ! j'étais tant aimée
    Et combien je l'aimais !
    Nous verrons-nous jamais
        Dans cette vie ?...
           Folie !...
           (Elle chante en tressant ses cheveux)

LE ROI DE THULÉ,

Chanson gothique.

PREMIER COUPLET.

« Autrefois un roi de Thulé,
» Qui jusqu'au tombeau fut fidèle,
» Reçut, à la mort de sa belle,
» Une coupe d'or ciselé.
» Comme elle ne le quittait guère,
» Dans les festins les plus joyeux,
» Toujours une larme légère
» A sa vue humectait ses yeux.

DEUXIÈME COUPLET.

» Ce prince, à la fin de sa vie,
» Lègue ses villes et son or,
» Excepté la coupe chérie
» Qu'à la main il conserve encor.
» Il fait, à sa table royale,
» Asseoir ses barons et ses pairs,
» Au milieu de l'antique salle
» D'un château que baignaient les mers

TROISIÈME COUPLET.

» Le buveur se lève et s'avance
» Auprès d'un vieux balcon doré ;
» Il boit, et soudain sa main lance
» Dans les flots le vase sacré.
» Le vase tombe ; l'eau bouillonne,
» Puis se calme aussitôt après.
» Le vieillard pâlit et frissonne :
» Il ne boira plus désormais. »

. . . .

« Autrefois un roi... de Thulé...
» Jusqu'au tombeau... fut fidèle...
(Profond soupir.) Ah!...

SCÈNE XII.

(Une place de la maison de Marguerite).

MÉPHISTOPHÉLES ET FOLLETS.

Evocation.

MÉPHISTOPHÉLÈS.

Esprits des flammes inconstantes,
Accourez ! j'ai besoin de vous.

ORCHESTRE SEUL.
. . . .
. . . .
. . . .
. . . .

Follets capricieux, vos lueurs malfaisantes
Vont charmer une enfant et l'amener à nous.

ORCHESTRE SEUL.
. . . .
. . . .
. . . .
. . . .

Au nom du diable, en danse !
Et vous, marquez bien la cadence,
Ménétriers d'enfers, ou je vous éteins tous.

(Les follets exécutent des évolutions et des danses bizarres autour de la maison de Marguerite.)

Ballet.

MÉPHISTOPHÉLÈS, faisant le geste d'un homme qui joue de la vielle.

Maintenant,
Chantons à cette belle une chanson morale,
Pour la perdre plus sûrement.

SÉRÉNADE DE MÉPHISTOPHÉLÈS,

AVEC CHŒUR DE FOLLETS.

MÉPHISTOPHÉLÈS.

« Devant la maison
» De celui qui t'adore,
» Petite Louison,
» Que fais-tu dès l'aurore ?
» Au signal du plaisir,
» Dans la chambre du drille
» Tu peux bien entrer fille,
» Mais non fille en sortir.

» Il te tend les bras :
» Près de lui tu cours vite.
» Bonne nuit, hélas !
» Bonne nuit, ma petite.

» Près du moment fatal
» Fais grande résistance.
» S'il ne t'offre d'avance
» Un anneau conjugal.

CHŒUR.

» Il te tend le bras, etc. »

MÉPHISTOPHÉLÈS.

Chut ! chut ! disparaissez !... silence !...

(Les follets s'abîment.

Allons voir roucouler nos tourtereaux.

SCÈNE XIII

(Chambre de Marguerite)

FAUST et MARGUERITE

MARGUERITE, apercevant Faust.

Grands dieux !
Que vois-je! est-ce bien lui? dois-je en croire mes
[yeux ?...

FAUST.

Ange adoré, dont la céleste image
Avant de te connaître illuminait mon cœur,
Enfin je t'aperçois, et du jaloux nuage
Qui te cachait encor mon amour est vainqueur.
Marguerite, je t'aime !

MARGUERITE.

Tu sais mon nom ? Moi-même
J'ai souvent dit le tien:
Faust !...

FAUST.

Ce nom est le mien ;
Un autre le sera, s'il te plaît davantage.

MARGUERITE.

En songe je t'ai vu tel que je te revois.

FAUST

En songe tu m'as vu !...

MARGUERITE.

Je reconnais ta voix,
les traits, ton doux langage...

FAUST.

Et tu m'aimais ?

MARGUERITE.

Je... t'attendais

FAUST.

Marguerite adorée !

MARGUERITE

Ma tendresse inspirée
Était d'avance à toi.

FAUST.

Marguerite est à moi.

MARGUERITE.

Mon bien-aimé, ta noble et douce image
Avant de te connaître illuminait mon cœur !
Enfin je t'aperçois, et du jaloux nuage
Qui te cachait encor ton amour est vainqueur.

FAUST.

Ange adoré, etc.

FAUST.

Marguerite ! ô tendresse !
Cède à l'ardente ivresse
Qui vers toi m'a conduit.

MARGUERITE.

Je ne sais quelle ivresse,
Brûlante, enchanteresse,
Dans ses bras me conduit.

MARGUERITE.

Quelle langueur s'empare de mon être !...

FAUST.

Au vrai bonheur dans mes bras tu vas naître,
Viens...

MARGUERITE.

Dans mes yeux des pleurs...
Tout s'efface... Je meurs...

SCÈNE XIV.

FAUST, MARGUERITE, MÉPHISTOPHÉLÈS.

MÉPHISTOPHÉLÈS, entrant brusquement.

Allons, il est trop tard !

MARGUERITE.

Quel est cet homme ?

FAUST.

Un sot.

MÉPHISTOPHÉLÈS.

Un ami.

MARGUERITE.

Son regard
Me déchire le cœur.

MÉPHISTOPHÉLÈS.

Sans doute je dérange...

FAUST.

Qui t'a permis d'entrer ?

MÉPHISTOPHÉLÈS.

Il faut sauver cet ange!
Déjà tous les voisins éveillés par nos chants,

Accourent, désignant la maison aux passants;
En raillant Marguerite, ils appellent sa mère.
La vieille va venir...

FAUST.

Que faire?

MÉPHISTOPHÉLÈS.

Il faut partir.

FAUST.

Damnation !

MÉPHISTOPHÉLÈS.

Vous vous verrez demain; la consolation
Est bien près de la peine.

MARGUERITE.

Oui, demain, bien-aimé. Dans la chambre prochaine
Déjà j'entends du bruit.

FAUST.

Adieu donc, belle nuit
A peine commencée! Adieu, festin d'amour
Que je m'étais promis!

MÉPHISTOPHÉLÈS.

Partons, voilà le jour

FAUST.

Te reverrai-je encor, heure trop fugitive,
Où mon âme au bonheur allait bientôt s'ouvrir?

MÉPHISTOPHÉLÈS

La foule arrive :
Hâtons-nous de partir!

CHŒUR DE VOISINS ET DE VOISINES DANS LA RUE.

Holà! mère Oppenheim, vois ce que fait ta fille!
L'avis n'est pas hors de saison :
Un galant est dans ta maison,
Et tu verras dans peu s'accroître ta famille.

MARGUERITE.

Ciel! entends-tu ces cris? Devant Dieu, je suis morte
Si l'on te trouve ici!

MÉPHISTOPHÉLÉS.

Viens! on frappe à la porte!

FAUST.

O fureur!

MÉPHISTOPHÉLÈS.

O sottise!

MARGUERITE.

Adieu. Par le jardin
Vous pouvez échapper.

FAUST.

O mon ange! à demain!

MÉPHISTOPHÉLÈS.

A demain ! à demain !

FAUST.

Je connais donc enfin tout le prix de la vie.
Le bonheur m'apparaît et je vais le saisir.
L'amour s'est emparé de mon âme ravie,
Il comblera bientôt mon dévorant désir.

MARGUERITE.

O mon Faust bien-aimé, je te donne ma vie !
Pourrai-je te charmer au gré de mon désir?...
L'amour s'est emparé de mon âme ravie,
Il m'entraîne vers toi : te perdre, c'est mourir.

MÉPHISTOPHÉLÈS.

Je puis donc à mon gré te traîner dans la vie,
Fier esprit ! sans combler ton dévorant désir,
L'amour en t'enivrant doublera ta folie,
Et le moment approche où je vais te saisir.

FAUST

Je connais donc enfin, etc.

MARGUERITE.

O mon Faust bien-aimé, etc.

MÉPHISTOPHÉLES.

Je puis donc à mon gré, etc.

CHŒUR AU DEHORS.

Holà ! etc., etc.

QUATRIÈME PARTIE

SCÈNE XV.

(Chambre de Marguerite.)

MARGUERITE, seule.

I

« D'amour l'ardente flamme
« Consume mes beaux jours.
« Ah ! la paix de mon âme
« A donc fui pour toujours !

II

« Son départ, son absence,
« Sont pour moi le cercueil,
« Et loin de sa présence
« Tout me paraît en deuil.

III

« Alors ma pauvre tête
« Se dérange bientôt ;
« Mon faible cœur s'arrête,
« Puis se glace aussitôt.

IV

» Sa marche que j'admire,
» Son port si gracieux,
» Sa bouche au doux sourire,
» Le charme de ses yeux,

V

» Sa voix enchanteresse
» Dont il sait m'embraser,
» De sa main la caresse,
» Hélas! et son baiser,

VI

» D'une amoureuse flamme
» Consument mes beaux jours
» Ah! la paix de mon âme
» A donc fui pour toujours!

VII

» Je suis à ma fenêtre
» Ou dehors tout le jour :
» C'est pour le voir paraître
» Ou hâter son retour.

VIII

» Mon cœur bat et se presse
» Dès qu'il le sent venir ;
» Au gré de ma tendresse
» Puis-je le retenir!

IX

» O caresses de flamme !
» Que je voudrais un jour
» Voir s'exhaler mon âme
» Dans ses baisers d'amour ! »

Tambours et trompettes sonnant la retraite. — Chœur de soldats et d'étudiants qui se font entendre dans le lointain.)

CHŒUR.

« Villes entourées
» De murs et remparts,
» Fillettes parées,
» Aux malins regards,
» Victoire certaine
» Près de vous m'attend !
» Si grande est la peine,
» Le prix est plus grand. »

MARGUERITE.

Bientôt la ville entière au repos va se rendre ;
Clairons, tambours du soir déjà se font entendre.
    Avec des chants joyeux,
Comme au soir où l'amour offrit Faust à mes yeux.

CHŒUR.

Jam nox stellata velamina pandit.
Per urbem quærentes puellas eamus.

MARGUERITE.

Il ne vient pas !
    Hélas !

SCÈNE XVI.

(Forêts, Cavernes.)

Invocation à la Nature.

FAUST seul.

Nature immense, impénétrable et fière,
Toi seule donnes trêve à mon ennui sans fin;
Sur ton sein tout-puissant je sens moins ma misère;
Je retrouve ma force, et je crois vivre enfin.
Oui, soufflez, ouragans! criez, forêts profondes!
Croulez, rochers! Torrents, précipitez vos ondes!
A vos bruits souverains ma voix aime à s'unir.
Forêts, rochers, torrents, je vous adore! Mondes
Qui scintillez, vers vous s'élance le désir
D'un cœur trop vaste et d'une âme altérée
D'un bonheur qui la fuit.

SCÈNE XVII.

MÉPHISTOPHÉLÈS gravissant les rochers.

A la voûte azurée
Aperçois-tu, dis-moi, l'astre d'amour constant ?
Son influence, ami, serait fort nécessaire ;
Car tu rêves ici, quand cette pauvre enfant,
Marguerite...

FAUST.

Tais-toi !

MÉPHISTOPHÉLÈS.

Sans doute il faut me taire
Tu n'aimes plus ! Pourtant en un cachot traînée
Et pour un parricide à la mort condamnée...

FAUST.

Quoi !

MÉPHISTOPHÉLÈS.

J'entends des chasseurs qui parcourent les bois.

FAUST.

Achève, qu'as-tu dit ? Marguerite en prison ?...

MÉPHISTOPHÉLÈS.

Certaine liqueur brune, un innocent poison,
Qu'elle tenait de toi, pour endormir sa mère

Pendant vos nocturnes amours,
A causé tout le mal. Caressant sa chimère,
T'attendant chaque soir, elle en usait toujours.
Elle en a tant usé, que la vieille en est morte.
Tu comprends maintenant ?

FAUST.

Feux et tonnerre !

MÉPHISTOPHÉLÈS.

En sorte
Que son amour pour toi la conduit...

FAUST.

Sauve-la,
Sauve-la, misérable !

MÉPHISTOPHÉLÈS

Ah ! je suis le coupable !
On vous reconnaît là,
Ridicules humains ! N'importe !
Je suis le maître encor de t'ouvrir cette porte ;
Mais qu'as-tu fait pour moi
Depuis que je te sers ?

FAUST.

Qu'exiges-tu ?

MÉPHISTOPHÉLÈS.

De toi ?
Rien qu'une signature
Sur ce vieux parchemin.

Je sauve Marguerite à l'instant, si tu jures
Et signes ton serment de me servir demain.

FAUST.

Eh! que me fait *demain*, quand je souffre à cette
[heure?
Donne. (Il signe.) Voilà mon nom. Vers sa sombre
[demeure
Volons donc maintenant. O douleur insensée!
Marguerite, j'accours!

MÉPHISTOPHÉLÈS.

A moi, Vortex! Giaour!
Sur ces deux noirs chevaux, prompts comme la
[pensée,
Montons et au galop... La justice est pressée.

(Ils partent.)

SCÈNE XVIII.

La course à l'abîme.

(Plaines, montagnes et vallées.)

FAUST ET MÉPHISTOPHÉLÈS, galopant sur deux chevaux noirs

FAUST.

Dans mon cœur retentit sa voix désespérée...
. . . .
. . . .
O pauvre abandonnée!

CHŒUR DE PAYSANS.
(Agenouillés devant une croix champêtre.)

Sancta Maria, ora pro nobis,
Sancta Magdalena, ora pro nobis.

FAUST.

Prends garde à ces enfants, à ces femmes priant
Au pied de cette croix.

MÉPHISTOPHÉLÈS.

Eh qu'importe! en avant!

CHŒUR.

Sancta Margarita, ora pro... — Ah!!!
(Cris d'effroi. Le chœur se disperse en tumulte. Les cavaliers passent.)

. . . .
. . . .

FAUST.

Dieux! un monstre hideux en hurlant nous poursuit.

MÉPHISTOPHÉLÈS.

Tu rêves!

FAUST.

Quel essaim de grands oiseaux de nuit!
Quels cris affreux!... ils me frappent de l'aile!...

MÉPHISTOPHÉLÈS, retenant son cheval.

Le glas des trépassés sonne déjà pour elle.
As-tu peur? Retournons.

(Ils s'arrêtent.

FAUST.

Non, je l'entends. Courons!
(Les chevaux redoublent de vitesse.)

ORCHESTRE SEUL
. . . .
. . . .
. . . .
. . . .

MÉPHISTOPHÉLÈS, excitant son cheval.

Hop! hop! hop!

FAUST.

Regarde, autour de nous, cette ligne infinie
    De squelettes dansant.
Avec quel rire horrible ils nous saluent!

MÉPHISTOPHÉLÈS, animant les chevaux.

                              Enfant!
Hop! hop!... pense à sauver sa vie,
    Hop! et ris-toi des morts.

ORCHESTRE SEUL.

FAUST, de plus en plus épouvanté, et haletant.

    Nos chevaux frémissent,
    Leurs crins se hérissent,
    Ils brisent leur mors!
    Je vois onduler
    Devant nous la terre;
    J'entends le tonnerre
    Sous nos pieds rouler!
Il pleut du sang!!!

MÉPHISTOPHÉLÈS, d'une voix tonnante.

Cohortes infernales !
Sonnez vos trompes triomphales !
Il est à nous !

FAUST.

Horreur !

MÉPHISTOPHÉLÈS.

Je suis vainqueur !

(Ils tombent dans un gouffre.)

SCÈNE XIX ET DERNIÈRE.

(L'enfer. — Faust est livré aux flammes.

PANDÆMONIUM.

CHŒUR DE DÉMONS ET DAMNÉS.
(1) *Has! Irimiru Karabrao!*

LES PRINCES DES TÉNÈBRES A MÉPHISTOPHÉLÈS.
De cette âme si fière,
jamais es-tu maître et vainqueur, Méphisto?

MÉPHISTOPHÉLÈS.
J'en suis maître à jamais.

LES PRINCES.
Faust a donc librement
gné l'acte fatal qui le livre à la flamme?

MÉPHISTOPHÉLÈS
Il signa librement.
(Orgie infernale. Triomphe de Méphistophélès.)

---

1) Cette langue est celle que Swedenborg appelait la langue infernale, et qu'il croyait en usage parmi les démons et les damnés.

CHOEUR.

Tradioun marexil Trudinxé burrudixe.
Fory my dinkorlitz Hor meak omévixe !
        Uraraiké !
        Muraraiké !
Diff ! Diff ! merondor mit aysko !
Has ! Has ! Satan, Belphégor, Méphisto.
Has ! Has ! Kroix, Astaroth, Belzébuth
Sat rayk irkimour

ÉPILOGUE

(SUR LA TERRE.)

QUELQUES VOIX.

Alors l'enfer se tut
L'affreux bouillonnement de ses grands lacs de
[flammes,
Les grincements de dents de ses tourmenteurs
[d'âmes,
Se firent seuls entendre ; et, dans ses profondeurs,
Un mystère d'horreur s'accomplit.

CHŒUR.

O terreurs!.

(DANS LE CIEL..)

SÉRAPHINS INCLINÉS DEVANT LE TRÈS-HAUT.

Laus!... Hosanna!
Elle a beaucoup aimé, Seigneur!...

(Silence.... Murmure harmonieux.)

UNE VOIX DANS LES HAUTEURS DES CIEUX

Margarita!!

CHŒUR D'ANGES.

Apothéose de Marguerite.

Remonte au ciel, âme naïve
    Que l'amour égara ;
   Viens revêtir ta beauté primitive
    Qu'une erreur altéra.
   Viens, les vierges divines,
    Tes sœurs les Séraphines,
   Sauront tarir les pleurs
Que t'arrachent encor les terrestres douleurs.
L'Éternel te pardonne, et sa vaste clémence
Un jour sur Faust aussi peut-être s'étendra.
    Conserve l'espérance
Et souris au bonheur. Viens, viens, Margarita

TABLE

1re PARTIE

1. Introduction 13
2. Ronde de Paysans 15
3. Marche Hongroise 17

2me PARTIE.

4. Faust seul dans son cabinet de travail 19
5. Chant de la Fête de Pâques 20
6. Chœur de Buveurs 24
7. Chanson de Brander 25
8. Fugue sur le thème de la Chanson de Brander . 27
9. Chanson de Méphistophélès 28
10. Bosquets et prairies du bord de l'Elbe. (Air de Méphistophélès) 30
11. Chœur de Gnomes et de Sylphes. (Songe de Faust). 30
12. Ballet des Sylphes 33
13. Final. Chœur de Soldats. Chanson d'Etudiants . . 34

3me PARTIE.

14. Tambours et Trompettes sonnant la retraite . . . 37
15. Air de Faust dans la chambre de Marguerite . . . 37
16. Le Roi de Thulé. Chanson Gothique (de Marguerite) 40
17. Evocation 42
18. Menuet des Follets 42
19. Sérénade de Méphisto: avec Chœur de Follets . . 43
20. Trio avec Chœur (Marguerite, Faust, Méphisto) . 51

4ᵐᵉ PARTIE

21.	Romance de Marguerite.	53
22.	Forêts et Cavernes. Invocation de Faust à la nature.	56
23.	Récitatif et Chasse.	57
24.	La Course à l'abime, Duo (Faust et Méphisto). .	59
25.	Pandæmonium, Chœur de Damnés et de Démons .	64
26.	Le Ciel, Chœur d'Esprits célestes. (Apothéose de Marguerite).	67

www.ingramcontent.com/pod-product-compliance
Lightning Source LLC
Chambersburg PA
CBHW030051230526
45471CB00003B/1040